AF229026

FUNÉRAILLES

DE

M. THÉODORE LEBRUN

ANCIEN DIRECTEUR DE L'ÉCOLE NORMALE PRIMAIRE DE VERSAILLES

ANCIEN INSPECTEUR PRIMAIRE DU DÉPARTEMENT DE LA SEINE

(15 décembre 1861)

PARIS

LIBRAIRIE DE L. HACHETTE ET Cie

RUE PIERRE-SARRAZIN, N° 14

—

1861

FUNÉRAILLES

DE

M. THÉODORE LEBRUN.

Le dimanche 15 décembre 1861, une foule nombreuse s'était réunie pour rendre les derniers devoirs à M. Théodore Lebrun, ancien directeur de l'École normale primaire de Versailles, ancien inspecteur primaire du département de la Seine, chevalier de la Légion d'honneur, officier de l'instruction publique, décédé le jeudi précédent, à l'âge de soixante-quatorze ans, après une maladie de quelques jours.

On remarquait dans l'assistance M. Dutrey, inspecteur général de l'enseignement supérieur; M. Rapet, inspecteur général de l'enseignement primaire; M. l'abbé Flandrin, aumônier de la grande École normale de Paris; M. Lesieur, inspecteur général honoraire de l'enseignement supérieur, qui avait été le collègue du défunt à la bibliothèque de la Sorbonne; MM. d'Altenheim, Béhier, Henne, Tarnier et Bellaguet, inspecteurs primaires du département de la Seine ; MM. Hachette, Geruzez, Sandras, ancien recteur, ancien censeur du lycée impérial de Versailles ; M. Anquetil, professeur de rhétorique au même lycée ; M. l'abbé Barbier, aumônier du lycée impérial de Louis le Grand ; M. Brière de Valigny, conseiller honoraire à la Cour de cassation ; M. Bonnin Dubessay, directeur actuel de l'École normale primaire de Versailles ; MM. Spenner, chef du bureau de l'instruction publique à l'hôtel de ville, Sarazin, inspecteur des écoles municipales de la Seine, Lefèvre, membre de la commission d'examen des instituteurs et institutrices, Aubry, président de la société de secours mutuels des instituteurs et institutrices de la Seine, Gallien, ancien professeur à l'École normale primaire de Versailles. Un très-grand nombre d'instituteurs et d'anciens élèves de l'École normale primaire de Versailles, s'étaient empressés de se joindre aux amis de M. Théodore Lebrun. Au milieu d'eux on distinguait M. Ph. Pompée, ancien directeur de l'École municipale Turgot, directeur de l'École professionnelle d'Ivry-lez-Paris, et M. le Béalle, professeur de travaux graphiques au collége Rollin.

Le deuil était conduit par M. Percheron, gendre du défunt, et par son petit-fils. Après le service funèbre, qui a été célébré à Saint-Sulpice, le cortége, toujours aussi nombreux, s'est dirigé vers le cimetière du Montparnasse.

Dès que M. l'abbé Flandrin, ami particulier du défunt, eut récité les dernières prières de l'Église, M. l'inspecteur général Rapet, avec l'autorité qui s'attache à sa personne et à ses fonctions, a rappelé les travaux et les services de M. Théodore Lebrun, dont il était un juge si compétent, puisqu'il avait été pendant de longues années son collègue dans l'inspection primaire du département de la Seine. Il s'est exprimé de la manière suivante :

« En apprenant la mort de l'homme de bien dont nous venons de déposer la dépouille mortelle dans sa dernière demeure, le mot qui est sorti de toutes les bouches a été celui-ci : « C'était un digne homme! » et parmi ceux qui sont assemblés autour de cette tombe, il n'est personne qui n'ait dit, et qui, en lui adressant en ce moment un dernier adieu, ne répète dans son cœur : « Quel digne, quel excellent homme! » Que pourrait-on ajouter à ces mots qui caracrisent si bien la vie de celui que nous regrettons tous ? M. Lebrun fut en effet un digne directeur d'École normale, il fut un digne inspecteur, et dans toutes les positions qu'il occupa ce fut toujours un homme de cœur et un homme de bien, ce fut, dans toute la force du terme, un homme réellement digne. N'attendez donc pas de moi, Messieurs, des phrases qui seraient peut-être déplacées à propos d'une existence si modeste, quoique si utilement remplie; je me contenterai de laisser parler les faits.

« Né le 16 février 1788, et allié par sa naissance à la famille d'un proviseur[1] qui administra dans des temps difficiles le plus ancien des lycées de Paris, où l'on conserve précieusement le souvenir de sa gestion, M. Théodore Lebrun fit ses études dans ce lycée, et peu après les avoir achevées il entra à la bibliothèque de la Sorbonne, à laquelle il resta attaché vingt-cinq ans. Je passe rapidement sur ces fonctions, dont la durée fit ressortir les qualités qui le distinguèrent toute sa vie, la bienveillance et l'exactitude à remplir ses devoirs. J'ai hâte d'arriver aux travaux qui ont fait sa réputation et qui lui ont conquis l'affection de tant de cœurs pour qui sa mort est aujourd'hui un sujet de profonds regrets. Il faut rappeler cependant que dès cette époque ses pensées étaient dirigées vers l'éducation. C'est ce que suffirait à prouver, à défaut d'autres témoignages, sa collaboration au journal *le Lycée* fondé avec le concours de plusieurs amis qui se sont tous fait un nom dans l'enseignement, recueil qui ne fut pas sans influence alors sur la marche des études, mais trop peu imité par ceux qui ont paru depuis.

« Ces travaux avaient attiré sur M. Lebrun l'attention de l'autorité. Aussi la loi qui a véritablement organisé l'instruction primaire en France venait à peine d'être rendue, lorsqu'au mois d'octobre 1833, il fut appelé à la direction de l'École normale de Versailles; ses services dans l'instruction primaire datent donc de l'époque même où a commencé le grand

____
1. M. Champagne.

mouvement qui a régénéré chez nous cette branche importante de l'éducation publique. L'École normale de Versailles,
destinée dans le principe à fournir des instituteurs à plusieurs
départements, était alors très-nombreuse. Elle en était par là
même plus difficile à administrer, et cependant l'ordre le
plus parfait ne cessa d'y régner. La vigilance de M. Lebrun,
qui ne se relâchait jamais, et sa fermeté pleine de bienveillance surent y maintenir une discipline qui la préserva des
dangers auxquels les établissements de ce genre sont toujours
plus ou moins exposés. C'est que cette discipline n'avait pas
seulement pour base la lettre d'un règlement, elle se fondait
encore plus sur l'affection réciproque des disciples et du
maître. Bien peu de maîtres, en effet, furent autant aimés
de leurs élèves que M. Lebrun le fut des siens. La foule de ceux
qui se pressent autour de cette tombe le dit assez, et cependant
cette foule serait peut-être dix fois plus considérable si la distance avait permis de leur adresser un appel. Il est inutile de
signaler l'influence exercée par cette école sur la marche de
l'instruction primaire dans les départements qui avoisinent
la capitale. Celui de Seine-et-Oise en particulier est presque
exclusivement rempli aujourd'hui par les instituteurs qui en
sont sortis, et la ville de Paris, qui se recrute dans toute la
France, lui doit les meilleurs de ceux qui sont à la tête de ses
grandes écoles.

« C'est pendant la durée de son séjour à Versailles, où il
s'était concilié l'estime et l'affection de tous, que M. Lebrun,
publia son livre de *Lecture courante*, ouvrage fréquemment
imité depuis, mais jamais surpassé. Dans ce livre, fruit d'études
nombreuses et variées, M. Lebrun avait cherché à réaliser le
vœu de tous les hommes éclairés, celui de profiter de l'enseignement de la lecture pour fournir au peuple une multitude
de connaissances utiles. Le succès toujours subsistant de
cet ouvrage, dont des milliers d'exemplaires se répandent
chaque année dans les écoles, montre si ce but a été atteint.
Il atteste aussi les services qu'il a rendus, et pourtant ces
services seraient bien plus importants encore si on savait
toujours lui faire rendre ceux qu'on est en droit d'attendre
du mérite de l'œuvre.

« En 1846, M. Lebrun fut appelé au poste d'inspecteur de
l'instruction primaire dans le département de la Seine.
Dans ces nouvelles fonctions, où il avait encore des administrés sinon des élèves, mais où il se trouvait en relation,

dans les divers arrondissements de Paris et de la banlieue, avec les autorités et toutes les personnes que la loi a préposées à la surveillance des écoles, il fit preuve de nouvelles qualités qu'on ne rencontre pas toujours unies chez le même homme. Sévère pour les infractions à la discipline et la négligence dans l'accomplissement des devoirs, tenant rigoureusement la main à l'exécution des règlements, il tempérait l'autorité par un fonds inépuisable de bienveillance qui se manifestait dans toutes les circonstances où il trouvait l'occasion de rendre service. Juste et impartial en même temps, il savait au besoin défendre les intérêts des maîtres toutes les fois qu'il les croyait lésés, et il apportait, dans la défense de leurs droits, la fermeté qu'il avait mise à exiger d'eux l'obéissance à la règle, l'exactitude et le zèle.

« D'ailleurs toujours plein de tact et de convenance, conciliant autant que juste, dans l'intérêt du service confié à ses soins, il obtenait par la persévérance et la persuasion ce qui avait été refusé longtemps à d'autres. Ces qualités le firent distinguer dans le sein du Conseil départemental, où il fut appelé dès sa création et où sa retraite laissa de vifs regrets; elles l'avaient fait aussi choisir par le chef regretté de l'académie de Paris, pour le seconder dans l'administration de l'instruction primaire du département de la Seine.

« Appelé aussi à faire partie des différentes commissions d'examen de ce dép...tement, M. Lebrun en fut toujours l'un des membres les plus assidus et les plus zélés. Aussi estimé de ses collègues qu'aimé des candidats de tout sexe et de tout âge, que sa bonté soutenait autant que sa droiture encourageait leurs efforts, sa présence dans le sein de ces commissions exerça sur leurs travaux la plus heureuse influence. Le concours de ses lumières n'y fit jamais défaut, et son passage y fut signalé par d'utiles améliorations dont les résultats durent encore.

« Depuis son entrée à l'École normale de Versailles, toutes les pensées, toutes les études de M. Lebrun avaient été dirigées vers le perfectionnement de l'instruction primaire. L'inspection des écoles lui en fit encore plus reconnaître les côtés faibles et les besoins; aussi tous ses efforts tendirent-ils à l'améliorer. Il avait surtout fait une étude approfondie des méthodes d'enseignement, et il en déposa le fruit dans différents recueils où sa collaboration toujours recherchée ne laissa qu'un regret à tout le monde, celui d'être trop rare. Il n'est peut-être pas une branche d'enseignement sur laquelle son attention ne se soit portée avec succès ; mais il en est une où son esprit aussi éclairé que judicieux lui permit d'accomplir dans les dernières années un véritable progrès. Depuis longtemps on signalait la nécessité d'enseigner la géographie non d'après des livres, mais *sur des cartes;* M. Lebrun fit mieux : à l'aide d'un atlas ingénieusement conçu, il réalisa le plan d'un véritable enseignement de la géographie *par les cartes.* Appliquée d'abord à l'instruction primaire, où elle n'a pas encore obtenu tout le succès qu'elle mérite, parce qu'ici les moindres dépenses sont toujours un obstacle, cette méthode fut heureusement adaptée à l'enseignement secondaire, où elle ne rencontra pas les mêmes difficultés. Des éditions successives, en prouvant combien la méthode était appréciée, attestent en même temps par les perfectionnements dont chacune porte la trace, que M. Lebrun était aussi sévère pour lui dans ses travaux, qu'il pouvait l'être pour les autres dans l'accomplissement de leur tâche.

« Atteint d'une infirmité causée par un accident dans son enfance, M. Lebrun n'en avait pas moins conservé une vigueur de santé qu'entretint toujours une activité extrême jointe à la plus grande régularité dans sa vie. C'est ainsi qu'il put prolonger ses services au delà du temps ordinaire. Cependant, il comprit avant personne que l'heure de la retraite avait sonné pour lui. Il ne voulait pas continuer à exercer des fonctions qu'il avait, disait-il, le sentiment de ne plus remplir convenablement, et d'ailleurs, après une vie laborieusement employée, il voulait se réserver quelques instants de recueillement entre le travail et la tombe. Il y a cinq ans, dans sa soixante-huitième année et après quarante-huit ans de services, dont vingt-trois exclusivement consacrés à l'instruction primaire, il résigna ses fonctions, emportant les regrets unanimes de ses administrés, de ses supérieurs et de ses collègues.

« D'une modération rare, qui cependant n'excluait pas la vivacité dans les discussions, toutes les fois qu'il voyait en cause les intérêts de la justice et de la vérité, M. Lebrun portait dans toutes les relations de la vie une aménité pleine de charme. Personne ne pouvait se soustraire à l'influence de sa parole et de son regard, tous deux pleins de bienveillance et de sérénité. Aussi put-on dire surtout de lui, que parmi ceux avec qui il était en relations, il n'avait presque pas de connaissances, il n'eut que des amis. Mais nul plus que ses collègues ne fut en état d'apprécier tout ce qu'il y avait en lui de bon, d'obligeant et d'affectueux. Tous se faisaient un devoir de recourir à ses lumières et de consulter sa vieille expérience, qui jamais ne refusa ni un conseil ni un service. On le voyait toujours avec un nouveau plaisir; en conversant avec lui on se retrempait en quelque sorte dans l'amour des hommes et du bien, et lorsqu'on le quittait, on se retirait avec le sentiment d'être devenu meilleur. Aussi, lorsque l'âge vint interrompre ces conférences périodiques où se discutaient entre ses collègues et lui les graves intérêts de l'enseignement et de l'éducation, son absence laissa parmi eux un vide qui ne fut jamais comblé. Leur amitié constante l'accompagna du moins dans sa retraite, comme leurs regrets profondément sentis le suivent aujourd'hui dans la céleste patrie où, après une mort chrétienne comme l'avait été sa vie, il est allé recevoir dans le sein de Dieu la récompense de ses travaux et de ses vertus. »

Deux autres discours ont été prononcés sur la tombe de M. Théodore Lebrun, le premier par M. Ph. Pompée, le second par M. le Béalle, tous deux nourris des leçons de ce maître vénéré et restés ses amis dévoués, après avoir été de ses meilleurs élèves.

Voici le discours de M. Ph. Pompée :

« Messieurs,

« C'est au nom des anciens élèves de l'homme que nous pleurons tous, c'est au nom de ses anciens disciples, devenus ses amis, que je viens rendre un dernier hommage à une vie consacrée tout entière à la grande œuvre de l'éducation populaire.

« Ce fut en 1833, à cette époque célèbre dans les annales de l'instruction primaire, que commença la vie pédagogique de Théodore Lebrun.

« Il avait déjà passé 25 ans de son existence à la bibliothèque du collège Louis le Grand. Il secondait depuis trois ans

son illustre ami Laromiguière dans la direction et la conser-
vation de la bibliothèque de l'Université, lorsque M. le ministre
de l'instruction publique vint l'arracher à ses études, à ses
livres et au culte des beaux-arts, pour lui confier la direction de la première École normale primaire de France, que
depuis 1831 MM. Gallien et Froussard avaient inaugurée à
Versailles, et à l'organisation de laquelle il avait été appelé à
concourir en qualité de secrétaire de la commission de surveillance.

« Ce n'était pas tout, en effet, pour M. Guizot d'avoir fait
décréter la fondation et l'entretien des Écoles primaires, il lui
fallait avant tout des instituteurs, et pour que ceux-ci fussent
en état de seconder le ministre dans son patriotique dessein
d'instruction universelle, il fallait ouvrir des écoles normales
où les anciens pussent se retremper, où les nouveaux pussent se former.

« Il fallait surtout confier la direction de ces écoles à des
hommes instruits et honorables, entourés de la considération
publique, résolus à prodiguer leur dévouement, leurs soins,
leurs sacrifices, pour seconder le gouvernement dans cette
œuvre d'émancipation intellectuelle et morale.

« Le ministre fut heureux dans son choix, car ce fut sous
l'habile direction de Lebrun que l'École normale de Versailles
acquit, par son excellente discipline, par le concours de
professeurs distingués, la grande réputation qui l'entourait.
C'était un honneur pour les élèves, une garantie pour l'autorité et les familles que le titre d'élève de cet établissement,
parce que les instituteurs qui en sortaient n'étaient pas seulement des hommes instruits et moraux, ils avaient encore
puisé dans les cours de pédagogie de Lebrun ces conseils
éclairés et pratiques qui leur permettaient d'appliquer, dès
leur entrée en fonctions, sans tâtonnements, sans erreurs, les
méthodes d'enseignement et les procédés sanctionnés par une
longue expérience. Ils avaient, en outre et surtout, puisé dans
les exemples de leur maître cette aménité de manières, ce
dévouement incessant, cette abnégation complète, cet amour
du bien public, cette soumission sans bornes aux décrets de
la Providence, qui leur étaient alors et leur sont encore si
nécessaires pour l'accomplissement de leur pénible et délicate
mission.

« Treize générations d'instituteurs de la Seine, de Seine-et-
Oise, du Loiret, d'Indre-et-Loire, de l'Oise et de la Seine-

Inférieure se sont formées, améliorées sous ses auspices ; et l'impulsion que Lebrun sut imprimer à cet établissement modèle, nous permet d'affirmer que ses efforts ont puissamment contribué à régénérer et à sanctifier en France cette humble, mais noble carrière de l'ancien maître d'école.

« De pareils services assurent à Lebrun une place des plus distinguées et des plus honorables parmi les propagateurs de l'instruction populaire. Mais ce qui lui méritera toujours notre affectueux souvenir, c'est son affabilité, la suavité de ses bonnes paroles, la paternité de ses réprimandes, la sincérité de ses conseils éclairés, la spontanéité de ses bons offices : aussi tous ses élèves étaient-ils des amis, mais des amis respectueux, l'entourant d'égards et de prévenances filiales, et toujours prêts à lui témoigner leur entier dévouement. Les élections à la Constituante peuvent en donner la preuve ; quelques voix seulement lui manquèrent dans Seine-et-Oise pour entrer dans cette arène politique où son père, ministre girondin, avait dû faire à ses convictions le sacrifice de sa vie.

« Lorsqu'en 1846 il fut appelé à l'inspection du département de la Seine, il laissa de profonds regrets parmi les instituteurs qu'il quittait, mais aussi il fut accueilli avec bonheur par ceux qu'il venait visiter.

« Appelé par sa nouvelle qualité à siéger au comité central d'instruction primaire de la ville de Paris, et plus tard au conseil départemental, il apporta dans ces assemblées et dans leurs commissions cet esprit conciliant qui dénoue bien des difficultés, et cette réputation d'intégrité et de justice qui donne à ceux qui la possèdent une si grande force pour faire le bien. C'est à ces précieuses qualités autant qu'à son zèle infatigable qu'il dut d'être choisi pour travailler auprès du Recteur de l'Académie de Paris. Dans cette position exceptionnelle, il sut encore s'attirer bien des témoignages de sympathie et de reconnaissance.

« Si, dans quelque moment de défaillance, au milieu de ces vicissitudes auxquelles nous avons tous été plus ou moins soumis, un des anciens élèves de Lebrun venait lui demander quelques conseils, quelque direction :

« Ne vous abandonnez pas au découragement, leur disait-il ;
« vous êtes, il est vrai, dans des jours de crise et d'épreuve,
« mais vous sortirez vainqueurs de cette lutte contre de mau-
« vais vouloirs intéressés, contre les préjugés ou les passions

« de l'ignorance. Rassurez-vous, votre cause est bonne, et les
« défenseurs ne vous manqueront pas. »

« C'est à cette confiance qu'il savait inspirer pour le bon
vouloir de l'administration, pour l'esprit éclairé du gouvernement, c'est à l'amour que ce bon père savait inculquer à ses
enfants pour la grandeur de leur honorable profession qu'on
doit attribuer ce fait, qu'au milieu des nombreux vides qui se
sont faits dans le corps des instituteurs primaires, l'École
normale de Versailles est celle qui a fourni le plus grand
nombre d'hommes persévérants, dévoués et inébranlables
dans leur vocation.

« Livré au repos après une vie si bien remplie, il s'occupait
toujours d'éducation : tantôt il parlait encore aux instituteurs
de la France en épanchant dans des recueils spéciaux les
trésors de son expérience pédagogique et administrative ;
tantôt il publiait sur certaines branches d'enseignement des
livres et des méthodes qui se recommandent aux amis du
progrès par des vues neuves et originales. Il se délassait enfin
sous l'aile protectrice de sa bonne et tendre Émilie, en faisant
l'éducation de ses petits-enfants comme il avait fait lui-même
celle de cette fille chérie ; il suivait avec bonheur les succès
de son petit-fils au lycée Louis le Grand, qui doit tant à sa
famille. Puis, au milieu de cette vie patriarcale, Lebrun
songeait aussi à ses autres enfants d'adoption, à ses anciens
élèves, dont il était le lien commun, et qu'il voulait réunir en
un faisceau pour les laisser toujours unis après sa mort.

« Ce fut en effet sous ses auspices et par ses soins que le
6 septembre 1860 un noyau de toutes les promotions de
l'École depuis sa fondation se réunissait autour de lui et ar-
rêtait ce projet de statuts qui, approuvé par le ministre de
l'instruction publique, est aujourd'hui soumis à l'adoption de
son collègue de l'intérieur ; et si notre maître n'a pu, avant
de mourir, voir la constitution officielle de cette société dont
la présidence lui était réservée, il a été convaincu par la lettre
que lui écrivait M. le ministre le 27 novembre dernier, que
cette utile fondation était bien près de s'accomplir.

« C'est dans le banquet qui suivit cette première réunion
que nous avons recueilli les dernières paroles qu'il a adres-
sées à ses bien-aimés disciples.

« Permettez à votre ancien directeur, nous disait-il, de
« vous exprimer la joie que lui cause cette réunion qu'il n'osait
« espérer dans ses vieux jours. Nous nous retrouvons après

« quinze, vingt et trente ans de séparation ; nous sommes
« un peu vieillis, il est vrai, mais le cœur est resté le même,
« les années ne l'ont pas refroidi. »

« Puis, fier et heureux de ce concours d'instituteurs de
tout âge qu'il avait formés lui-même, il souhaitait santé et
prospérité à ces hommes vraiment utiles, aux instituteurs qui
consacrent toute leur vie au développement de l'intelligence des enfants et à leur éducation morale et religieuse.
« Cette tâche difficile, ajoutait-il, vous l'accomplissez digne-
« ment. »

« Nous étions tous encore sous l'impression de ces affec-
tueuses paroles, lorsque la mort est venue nous enlever notre
maître vénéré d'une manière si rapide, que le plus grand
nombre de nos condisciples aura un éternel chagrin de n'a-
voir pu l'accompagner à sa dernière demeure, et s'associer
à notre dernier adieu.

« Qu'ils se consolent cependant ; tout ce qui reste de Lebrun
n'est pas renfermé dans ce cercueil que nous entourons avec
un si pieux recueillement. Son âme s'est tellement répandue
au dehors, qu'il n'est aucun de nous, présent ou absent, qui
n'en ait conservé précieusement la parcelle dont il est dé-
positaire. Les semences que son esprit a si libéralement ré-
pandues ont donné des fruits qui tous les jours reproduisent
d'incessantes récoltes. Ses doctrines, dont nous sommes tout
à la fois les conservateurs et les propagateurs, s'étendent
chaque jour davantage, et l'exemple de sa vie sans ostentation,
mais si laborieuse et si féconde, nous donne encore son dernier enseignement, celui de vivre comme lui pour mériter
une aussi belle mort.

« Adieu donc, cher maître ! adieu au nom de tous ceux
que tu as tant aimés ! »

Cette éloquence du cœur, ce langage ému et sympathique,
ces nobles sentiments si vivement exprimés méritaient d'être
pieusement recueillis. Ils ont produit sur l'assistance une
impression qui ne s'effacera pas.

Mais voici un autre élève de M. Lebrun qui, lui aussi, a
trouvé, après MM. Rapet et Pompée, le secret de toucher et
d'émouvoir. Comment s'en étonner lorsqu'on saura que
M. A. le Béalle a vécu pour ainsi dire dans l'intimité du dé-

funt? Après avoir été son élève, n'a-t-il pas été jugé digne de devenir son collaborateur?

M. le Béalle s'est exprimé en ces termes :

« La tombe va se refermer sur la dépouille mortelle d'un grand citoyen, d'un homme de bien, dont la vie presque entière a été consacrée à l'enseignement. Son existence a été longue et bien remplie, en comptant ses années et ses œuvres; elle a été courte, en la mesurant à la tâche qu'il s'était imposée; trop courte surtout pour ses anciens élèves, qui venaient fréquemment retremper leur intelligence et leur courage au feu sacré de son dévouement.

« Fils du ministre girondin qui, aux mauvais jours de 93, sacrifia sa tête à ses convictions patriotiques, placé dans les hautes régions de la société, peintre distingué, érudit écrivain, littérateur consommé, M. Lebrun vit s'ouvrir devant lui les plus brillantes carrières; son amour du bien lui fit embrasser celle de l'enseignement; non pas de l'enseignement qui retentit du haut d'une chaire entourée de prestige et d'honneurs, mais de l'enseignement humble et modeste qui s'adresse à tous, de l'enseignement primaire, qui s'applaudira, se glorifiera longtemps de l'avoir eu pour guide.

« Placé il y a bientôt trente ans à la tête de l'École normale primaire de Versailles, il sut conquérir le respect et l'affection filiale de ses nombreux élèves. Sa direction paternelle, ferme et habile fit de l'établissement naissant le modèle de tous les autres. Pendant treize années il accomplit cette laborieuse mission avec la même ardeur, la même abnégation.

« Appelé à Paris pour y remplir les fonctions d'inspecteur, il devient le bras droit du recteur, qui semble l'avoir appelé à lui dans sa tombe encore entr'ouverte. Ce fut alors que sa bienveillante influence se fit plus particulièrement sentir à tous les membres de l'enseignement primaire; aussi voulurent-ils lui donner une faible marque de leur reconnaissance en le choisissant pour candidat à l'Assemblée constituante, qui fut privée du concours de ses lumières faute de quelques voix.

« Quand vint le moment de la retraite, lorsque l'âge et la fatigue le contraignirent d'abandonner les fonctions publiques, il n'en continua pas moins ses travaux. La mort l'a frappé au moment où il mettait la dernière main à son œuvre de prédilection, à un cours de pédagogie dont la publication viendra bientôt, je l'espère, grandir notre admiration, tout en renouvelant nos regrets.

« Adieu, maître bien-aimé ! adieu, au nom de tes milliers d'élèves, dont les absents regretteront amèrement de n'avoir pu t'accompagner à ta dernière demeure ! Tous viendront en larmes la visiter ; tous viendront promettre à tes mânes d'honorer, de perpétuer ta mémoire en s'efforçant de suivre les conseils, d'imiter les exemples que tu leur as donnés jusqu'à la suprême heure. »

Cet appel sera entendu, nous n'en doutons pas, si nous en jugeons par les impressions que nous avons recueillies autour de nous. Ceux des nombreux élèves de M. Lebrun qui n'ont pas eu la consolation d'assister à ses funérailles, liront avec un recueillement douloureux les touchants panégyriques du maître qu'ils regrettent. C'est pour eux surtout que nous les avons rassemblés. Puisse ce juste hommage offert à la mémoire de celui qu'on a si équitablement nommé *l'homme de bien*, lui susciter beaucoup d'imitateurs et adoucir, en même temps, la douleur inexprimable de sa fille, de sa fille unique, qu'il a tant aimée !

PARIS. — IMPRIMERIE DE CH. LAHURE ET Cie
Rues de Fleurus, 9, et de l'Ouest, 21